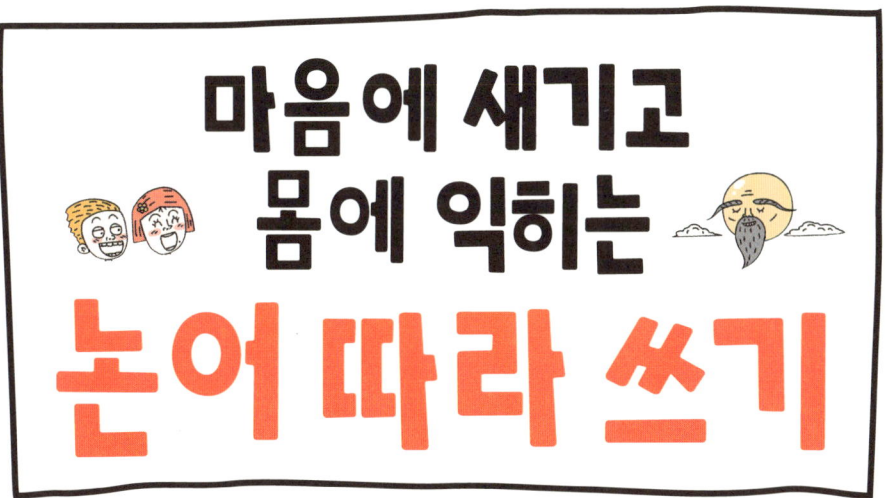

마음에 새기고 몸에 익히는
논어 따라 쓰기

어린이나무생각고전기획실 엮음 | 송진욱 그림

머리말

학이시습지면 불역열호아!

　학이시습지면 불역열호아! 배우고 때때로 이것을 몸에 익히고 실천하니 어찌 아니 즐거운가! 《논어》의 첫 문장이에요. 아주 오래된 책이지만 지금이야말로 어린이 여러분이 공자의 가르침이 담긴 《논어》를 배우고 몸에 익혀 실천해야 할 때가 아닐까요?

　우리가 사는 세상은 빠르게 변하고 다양한 삶의 방식들이 등장하고 있어요. 그러다 보니 세상의 질서를 바로잡고 유지하는 정의와 가치가 저마다 달라 혼란스럽다고 말하는 사람들이 있어요. 물론 시대가 달라진 만큼 어떤 가치관은 지금 시대와는 너무 동떨어져서 다시 들여다보고 수정해야 해요. 그러나 어떤 가치관은 시대가 아무리 달라져도 견고하게 제자리를 지키고 있어요. 인간으로서 마땅히 지켜야 할 마음가짐이나, 힘을 합쳐 우리 사회를 안전하고 평화롭게 지켜 내기 위해 필요한 가치관들이지요.

　그런 차원에서 우리 친구들에게 유학에서 가장 중요한 경전 중 하나인 《논어》의 가르침을 다시 들려주고 싶어요. 《논어》는 단순히 과거의 경전이 아니라 인간과 삶의 본질을 가장 정확하게 분석하여 오늘날 우리에게 살아갈

방향을 알려 주는 소중한 책이거든요.

문장은 간략하지만 성실한 태도, 배움의 자세, 진정한 우정, 마음을 다한 효도, 절제하는 마음과 태도, 어진 마음, 인내하는 마음, 예의를 지키는 마음 등 가장 기본적인 삶의 태도와 가치관을 가르치고 있어요. 짧은 문장 안에 담긴 내용이 얼마나 깊이가 있는지 두 번 세 번 반복해서 읽으면 더 깊은 깨달음을 얻을 수 있어요. 여기에 한 편 한 편 따라 쓰기를 하면 어떤 효과가 있을까요? 오래도록 잊지 않고 마음에 깊이 새기게 되지요.

올바름의 지향점이 실종되고 가치가 혼란한 시대에 꼭 필요한 책! 마음과 태도를 바르게 가꾸고, 균형감 있는 사회 구성원이 되는 데 꼭 필요한 책이 《마음에 새기고 몸에 익히는 논어 따라 쓰기》예요. 한 편씩 따라 쓰며 마음에 새기고 나아가 생활에서 실천까지 할 수 있답니다. 이 책으로 어린이 여러분도 기본에 충실한 생활 속에서 더욱 바르고 건강하게 성장하길 바랍니다.

어린이나무생각고전기획실

차례

머리말 2
미리 알아두면 좋은 논어 8
인의예지의 가르침 10

1장 배우고 생각하며
   날마다 조금씩 자라요

01 학이편 1-1 배움의 가치 14
02 학이편 1-4 날마다 나를 반성하는 자세 16
03 학이편 1-6 배우는 것보다 먼저 해야 할 것 18
04 학이편 1-8 좋은 친구를 사귀는 법 20
05 학이편 1-16 다른 사람을 이해하는 마음 22
06 위정편 2-3 진정한 리더십 24
07 위정편 2-4 배움의 과정 26
08 위정편 2-15 배우고 생각하기 28
09 위정편 2-22 신뢰감을 주는 사람 30
10 팔일편 3-7 군자의 경쟁 32
11 팔일편 3-16 힘보다 중요한 것 34

12 **이인편 4-2** 어진 마음 36

13 **이인편 4-11** 군자와 소인의 차이 38

14 **이인편 4-14** 남에게 인정받고 싶을 때 40

15 **이인편 4-17** 좋은 스승 42

16 **이인편 4-22** 말의 소중함 44

2장 어질고 덕이 있는 군자의 마음을 배워요

17 **공야장편 5-20** 어리석기가 더 어려운 법 48

18 **공야장편 5-24** 정직한 행동 50

19 **옹야편 6-9** 소박한 생활의 즐거움 52

20 **옹야편 6-13** 자랑하지 않는 마음 54

21 **옹야편 6-18** 배움의 세 단계 56

22 **옹야편 6-28** 친구의 마음을 헤아리기 58

23 **술이편 7-3** 올바른 삶의 길 60

24 **술이편 7-8** 공부는 스스로 하는 것 62

25 **술이편 7-10** 무모한 용기 64

26 **술이편 7-21** 타산지석의 지혜 66

27 **술의편 7-25** 떳떳한 마음 68

28 **술이편 7-27** 배움의 올바른 순서 70

3장 맡은 일에 최선을 다하는 성실함을 배워요

- **29** 태백편 8-2 예의의 중요성 74
- **30** 태백편 8-5 겸손한 태도 76
- **31** 태백편 8-7 인을 실천하는 자세 78
- **32** 자한편 9-7 진짜 가르침 80
- **33** 자한편 9-18 천 리 길도 한 걸음부터 82
- **34** 자한편 9-23 잘못을 고치는 방법 84
- **35** 자한편 9-27 진정한 친구 86
- **36** 선진편 11-20 겉모습에 속지 말기 88
- **37** 안연편 12-1 자기 자신을 이겨 내는 마음 90
- **38** 안연편 12-5 걱정이 가득할 때 92
- **39** 안연편 12-11 책임을 다하는 자세 94
- **40** 안연편 12-21 남의 잘못과 나의 잘못 96
- **41** 자로편 13-5 배움의 활용 98
- **42** 자로편 13-6 올바른 마음이 필요한 이유 100
- **43** 자로편 13-13 모든 일의 출발점 102
- **44** 자로편 13-17 성급한 마음 104
- **45** 자로편 13-23 무조건 반대, 무조건 찬성 106

4장 진실한 말과 행동으로 좋은 친구를 사귀어요

- **46** 헌문편 14-13 눈앞의 이익보다 중요한 것 110
- **47** 헌문편 14-33 경계하는 마음 112
- **48** 헌문편 14-37 남을 탓하지 않는 마음 114
- **49** 헌문편 14-42 상황에 맞게 행동하기 116
- **50** 위령공편 15-5 진실한 말과 행동 118
- **51** 위령공편 15-7 진정한 충고 120
- **52** 위령공편 15-27 진짜 모습 알아보기 122
- **53** 위령공편 15-32 높은 자리보다 중요한 것 124
- **54** 계씨편 16-4 세 종류의 친구 126
- **55** 계씨편 16-5 유익하지 않은 즐거움 128
- **56** 양화편 17-15 한 가지에 집중 못하는 마음 130
- **57** 양화편 17-24 군자가 싫어하는 것 132
- **58** 자장편 19-6 배움의 네 가지 방법 134
- **59** 자장편 19-21 잘못을 고치려는 마음 136
- **60** 자장편 19-25 신중한 말의 중요성 138

미리 알아두면 좋은 논어

《논어》는 공자와 그의 제자들이 세상 사는 이치에 대하여 이야기한 내용들을 모아 기록한 책이에요. 공자의 가르침과 사상을 제자들이 기록하여 두었다가 공자가 죽은 후 한나라 시대에 책으로 펴냈지요.

공자는 중국의 춘추 시대인 노나라 때 사람인데, 학문과 인격이 완숙한 경지에 이르러 많은 사람이 그 가르침을 배우기 위해 따랐답니다. 자로(子路), 염유(冉有), 안회(顏回), 자공(子貢), 자하(子夏), 증자(曾子) 등이 공자의 제자로 유명하지요.

유교의 근본 사상이 된 《논어》는 모두 20편으로 이루어져 있어요. 각 편의 이름은 맨 처음 시작되는 두 자 또는 석 자를 따서 붙였어요. 예를 들어 1편은 '학이' 편인데, 맨 처음 나온 문구가 "학이시습지 불역열호(學而時習之 不亦說乎)"라서 1편의 이름을 '학이'라고 지은 것이랍니다. 논어의 순서는 다음과 같아요.

제1편 학이(學而)	제6편 옹야(雍也)	제11편 선진(先進)	제16편 계씨(季氏)
제2편 위정(爲政)	제7편 술이(述而)	제12편 안연(顏淵)	제17편 양화(陽貨)
제3편 팔일(八佾)	제8편 태백(泰伯)	제13편 자로(子路)	제18편 미자(微子)
제4편 이인(里仁)	제9편 자한(子罕)	제14편 헌문(憲問)	제19편 자장(子張)
제5편 공야장(公冶長)	제10편 향당(鄕黨)	제15편 위령공(衛靈公)	제20편 요왈(堯曰)

- 학이편에는 학문의 중요성과 공자의 사상이 수록되어 있어요.
- 위정편에는 국가를 다스리는 도리와 방법이 수록되어 있어요.
- 팔일편에서는 예를 실천하는 구체적인 방법을 이야기해요.
- 이인편에는 어진 마음과 태도에 대한 가르침이 수록되어 있어요.

- 공야장편은 공자와 제자들이 과거와 현대의 여러 인물을 평가한 내용이에요.
- 옹야편에는 여러 인물평과 함께 인(仁)과 지(知)에 대한 이론이 담겨 있어요.
- 술이편은 본받을 만한 공자의 용모, 태도, 행동에 대한 가르침들이 기록되어 있으며, 뛰어난 구절들이 많이 수록되어 있어요.
- 태백편은 고대의 성왕들과 현인들의 이야기를 주로 다루었어요.
- 자한편은 공자가 평소 일을 처리하는 방식에 대해 말하고 있어요.
- 향당편은 공자의 일상생활과 생활 태도를 기록하고 있어요.
- 선진편은 공자의 교육관과 제자에 대한 평가를 다루고 있어요.
- 안연편은 공자와 제자, 제후들과의 대화를 기록한 것인데, 주로 인(仁)과 정치, 처세에 대한 가르침이 수록되어 있어요.
- 자로편에는 사람됨과 바른 정치에 대한 기록이 많이 담겨 있어요.
- 헌문편은 바른 몸가짐에 관한 공자와 제자들의 대화를 기록하고 있어요.
- 위령공편은 문구가 짧은 것이 특색이며 바른 몸가짐과 처세에 관한 구절이 많아요.
- 계씨편은 주로 '처신'의 문제와 사람 간의 바른 교류에 대해 말하고 있어요.
- 양화편은 세상의 어지러움을 경고하며 정치가와 제자들에게 필요한 가르침을 전하고 있어요.
- 미자편은 고대 성현들에 대한 공자의 생각과 사상을 당시의 사회상에 맞추어 설명하고 있어요.
- 자장편에는 공자의 제자들인 자하, 자공, 증자 등의 말을 간추려 놓았어요.
- 요왈편에는 고대 성현의 언행 등을 교훈으로 하여 나라를 다스리는 사람들을 향한 공자의 훈계가 담겨 있어요.

인의예지의 가르침

"나는 태어나면서부터 모든 일을 다 안 것이 아니라 옛것을 좋아하여 성실하게 노력함으로써 구하였다."

공자가 한 말이에요. 태어나면서부터 똑똑한 것이 아니라 성실히 공부함으로써 지혜를 얻게 되었다는 말이에요. 《논어》의 가르침이 허투루 들리지 않고 깊은 깨달음을 주는 것도 공자가 깊이 공부하고 실천한 내용이기 때문이지요. 유교는 인(仁), 의(義), 예(禮), 지(智)를 근본 사상으로 해요. 《논어》에서도 반복해서 나오는 개념인데, 어떤 뜻이 담겨 있는지 잘 살펴보면 공자의 가르침이 더 쉽게 이해될 거예요.

인 ― 仁

인간의 덕목을 가르치는 유교 사상의 핵심이에요. 넓은 의미로는 의(義), 예(禮), 지(智)의 덕목을 모두 담고 있지만, 좁은 의미로는 남을 대하는 어진 마음과 태도를 말한답니다. 아무리 뛰어난 지혜를 가졌다 할지라도 그 바탕에 신뢰와 정직, 존경과 어진 마음이 없으면 안 된다는 가르침이 담겨 있지요. 네 가지 덕목 가운데 하나이지만 인의 가치와 지위를 모든 덕목의 으뜸으로 삼는 것도 이 때문이에요. 공자는 인을 실현할 수 있는 씨앗이 우리 모두의 마음속에 있다고 강조하고 있어요.

의 ― 義

국가나 사회의 구성원으로서 지켜야 할 도리를 말해요. '정의', '올바름'으로 바꾸어 말할 수 있어요. 생활 속에서 옳은 것을 지키고 실천에 옮길 수 있는 가치의 기준이지요. 자신의 잘못된 행위에 대하여 부끄러움을 느끼는 것은 바로 의를 실천할 수 있는 씨앗이 우리 마음속에 있기 때문이에요. 공자는 우리가 내면에 있는 바른 의를 따르기 때문에 옳다고 판단한 것을 실천에 옮김으로써 다신과 다른 사람의 소중한 권리를 보호하고 정의로운 사회를 이룩할 수 있다고 가르치고 있어요.

예 — 禮

인간관계에서 지켜야 할 예절, 즉 윤리적이고 사회적인 규범을 실천하는 것을 의미해요. 예는 인간의 보편적인 심성에 바탕을 둔 적극적인 개념이며, 윤리와 도덕을 생활 속에서 실천하는 강력한 원동력이 된답니다.

지 — 智

옳고 그름을 구별할 수 있는 슬기를 의미해요. 진리를 탐구하고 올바른 가치관의 형성과 사물에 대한 통찰력을 얻는 것이지요. 공자는 앎을 실천하는 것이 중요하다고 말해요. 즉, 옳고 그른 것을 판별하는 것이 중요하지만 여기서 그친다면 그것은 참된 의미의 지(智)가 될 수 없다는 것이지요.

군자가 되는 길

유교에서는 가장 이상적인 사람을 '군자(君子)'라고 해요. 마음이 어질고 덕행이 높으며 본받을 만한 사람을 일컫는 말이지요. 한마디로 인간으로서 지녀야 할 최고의 지성과 덕성을 고루 갖춘 사람이에요. 군자는 정의를 행하고 도덕과 참다운 인간성을 실천하는 사람이에요. 하늘의 도리를 따르고 자기 몸을 닦고 성실하게 노력함으로써 다른 사람, 나아가 백성을 편안하게 하는 것이 군자의 길이랍니다.

1장
배우고 생각하며
날마다 조금씩 자라요

학이편 1-1

배움의 가치

배우고 때때로
이것을 몸에 익히고 실천하니
어찌 아니 즐거운가!
벗이 먼 곳에서 찾아오면
이 또한 즐겁지 않은가!
사람들이 알아주지 않아도
아쉬워하지 않으니
이 또한 군자답지 않은가!

어떤 뜻이 담겼을까?

배운 것을 잊지 않고 몸에 익히고, 뜻이 같은 친구가 먼 곳에서 찾아오는 것은 몹시 즐거운 일이며, 남이 알아주지 않아도 서운해하지 않고 스스로 만족할 수 있으면 군자라고 할 수 있어요.

01

따라 써 보세요~

원문 보기

學而時習之 不亦說乎 有朋自遠方來
학 이 시 습 지 불 역 열 호 유 붕 자 원 방 래
不亦樂乎 人不知而不慍 不亦君子乎
불 역 락 호 인 부 지 이 불 온 불 역 군 자 호

학이편 1-4

날마다 나를 반성하는 자세

나는 날마다 세 가지 점에 대해
나 스스로를 반성한다.
남을 위하여 일을 하면서
최선을 다하지 못한 점은 없는가?
친구들과 사귀면서
믿음을 지키지 못한 일은 없는가?
스승께 배운 것을 제대로
익히지 못한 것은 없는가?

어떤 뜻이 담겼을까?

날마다 자신의 행동이나 마음을 돌아보면서 부족하거나
최선을 다하지 않은 부분이 없었는지 살펴야 해요.

02

원문 보기

吾日三省吾身 爲人謀而不忠乎
오일삼성오신위인모이불충호
與朋友交而不信乎 傳不習乎
여붕우교이불신호 전불습호

학이편 1-6

배우는 것보다 먼저 해야 할 것

어린 사람들은 집에 들어가서는
부모님께 효도하고
밖에 나가서는 어른들을 공경하며,
말과 행동을 조심하고 약속을 지키며,
널리 사람들을 사랑하고,
어진 마음을 가진 사람과 가까이 지내야 한다.
이렇게 행하고 남은 힘이 있으면
그때에 글을 배워야 한다.

어떤 뜻이 담겼을까?

열심히 공부하는 것도 중요하지만 그보다 더 중요한 것이 무엇인지 알려 주는 소중한 가르침이에요. 사람으로서 근본을 지키지 않으면 큰일을 할 수도 없는 법이죠.

03

따라 써 보세요~

원문 보기

弟子入則孝 出則弟 謹而信 汎愛衆 而親仁
제자입즉효 출즉제 근이신 범애중 이친인

行有餘力 則以學文
행유여력 즉이학문

학이편 1-8

좋은 친구를 사귀는 법

군자가 신중하지 않으면 위엄이 없고
배우면 고집스럽지 않게 된다.
충직함과 서로간의 믿음을
으뜸으로 삼으며,
자기와 길이 다르면 사귀지 말고,
잘못이 있으면 용기 있게 고쳐야 한다.

어떤 뜻이 담겼을까?

누구나 진정한 친구가 한 명쯤 있길 바랄 거예요. 하지만 좋은 친구를 사귀는 건 어려워요. 친구를 사귀려면 우선 자신을 바르게 다듬어야 해요.

원문 보기

君子不重則不威 學則不固
군 자 부 중 즉 불 위   학 즉 불 고

主忠信 無友不如己者 過則勿憚改
주 충 신   무 우 불 여 기 자   과 즉 물 탄 개

학이편 1-16

다른 사람을 이해하는 마음

남이 나를 알아주지 못할까
걱정하지 말고
내가 남을 제대로 알지 못함을
걱정해야 한다.

어떤 뜻이 담겼을까?

다른 사람이 나를 이해해 주지 않을 때도 속상하지만, 내가 남을 이해하지 못하는 것이 더 심각한 문제라는 것을 가르쳐 주는 말이에요.

05

따라 써 보세요~

원문 보기

不患人之不己知 患不知人也
불환인지불기지 환부지인야

위정편 2-3

진정한 리더십

백성들을 법도로만 이끌고 형벌로 다스리면
백성들은 형벌을 피할 생각만 하고
부끄러워하지 않는다.
하지만 덕으로 이끌고 예법을 가르치면
부끄러워할 줄도 알고
스스로 잘못을 바로잡게 된다.

어떤 뜻이 담겼을까?

진정한 리더십은 다른 사람을 억누르거나 뜻을 강요하기보다 공정하고 너른 마음으로 품어 줄 수 있어야 힘을 발휘한답니다.

06

따라 써 보세요~

원문 보기

道之以政 齊之以刑 民免而無恥
도지이정 제지이형 민면이무치

道之以德 齊之以禮 有恥且格
도지이덕 제지이례 유치차격

위정편 2-4

배움의 과정

나는 열다섯 살에 학문에 뜻을 두었고
서른 살에 목표를 세웠고
마흔 살에는 흔들리지 않고 나아갔으며
쉰 살에는 하늘의 뜻을 알게 되었다.
예순 살에는 귀가 순해져서
무슨 일이든 거슬리지 않고 받아들였으며
일흔 살에는 마음 가는 대로 해도
법도에 어긋나지 않았다.

어떤 뜻이 담겼을까?

공자님의 배움과 인생이 어떻게 전개되고 깊어졌는지를 보여 주는 유명한 말이에요. 여러분도 꿈을 정하고 공부를 하며 앞으로 어떤 인생을 살아갈지 그려 보세요.

원문 보기

吾十有五而志于學 三十而立 四十而不惑
오 십 유 오 이 지 우 학 삼 십 이 립 사 십 이 불 혹

五十而知天命 六十而耳順 七十而從心所欲 不踰矩
오 십 이 지 천 명 육 십 이 이 순 칠 십 이 종 심 소 욕 불 유 구

위정편 2-15

배우고 생각하기

배우기만 하고 생각하지 않으면
속기 쉽고,
생각하기만 하고 배우지 않으면
위태롭게 된다.

어떤 뜻이 담겼을까?

배우기만 하고 깊이 생각하지 않으면 결국 속기 쉽고,
생각만 하고 배우지 않으면 잘못된 판단을 내리기 쉽다는 말이에요.

따라 써 보세요~

08

원문 보기

學而不思則罔 思而不學則殆
학 이 불 사 즉 망 사 이 불 학 즉 태

위정편 2-22

신뢰감을 주는 사람

사람에게 신용이 없으면
어찌 쓸모가 있다고 할 수 있겠는가?
큰 수레에 소의 멍에를 맬 데가 없고
작은 수레에 말의 멍에를 걸 데가 없으면
어떻게 끌고 갈 수 있겠는가?

어떤 뜻이 담겼을까?

수레를 끌기 위해서는 멍에를 매거나 거는 끌채가 반드시 있어야 하듯,
사람에게는 신뢰감이 반드시 있어야 함을 강조하는 가르침이에요.

09

따라 써 보세요~

원문 보기

人而無信 不知其可也 大車無輗
인 이 무 신 부 지 기 가 야 대 거 무 예

小車無軏 其何以行之哉
소 거 무 월 기 하 이 행 지 재

팔일편 3-7

군자의 경쟁

군자는 다투는 일이 없으나,
한 가지가 있다면 바로 활쏘기 시합이다.
시합을 할 때는
먼저 절을 하고 순서를 양보한 뒤
활 쏘는 자리에 올라야 한다.
시합이 끝난 뒤에도 서로 절을 하고
내려와서 술을 마시니
이것이 곧 군자의 다툼이다.

어떤 뜻이 담겼을까?

친구와 자주 다투는 사람이나 시합을 하고 쉽게 승복하지 못하는 사람이라면 이 글귀를 꼭 가슴에 새겨야 할 거예요. 시합을 하거나 경쟁을 할 때도 예의와 겸손이 필요해요.

10

따라 써 보세요~

원문 보기

君子無所爭 必也射乎
군자무소쟁 필야사호
揖讓而升 下而飮 其爭也君子
읍양이승 하이음 기쟁야군자

팔일편 3-16

힘보다 중요한 것

활쏘기를 할 때는
화살로 과녁의 가죽을 관통하기 위해
굳이 애쓰지 않아도 된다.
이는 사람마다 힘이 다르기 때문이니
이것이 바로 옛날 사람들이
활을 쏘는 방식이었다.

어떤 뜻이 담겼을까?

활쏘기는 힘자랑이 목적이 아니라 과녁을 정확히 쏘는 데 목적이 있어요.
학문에서든 인생에서든 강하고 빠른 것보다 원칙과 법도를 지키는 것이
더 중요함을 알려 주는 가르침이지요.

11

따라 써 보세요~

원문 보기

射不主皮 爲力不同科 古之道也
사 부 주 피 위 력 부 동 과 고 지 도 야

이인편 4-2

어진 마음

어진 마음을 갖추지 못한 사람은
어려움을 오래 견딜 수 없고
즐거움을 오래 누릴 수 없다.
그러나 어진 마음을 갖춘 사람은
어려움도, 즐거움도 편하게 여긴다.
지혜로운 사람은 어진 마음이
이롭다는 것을 알아 실천으로 옮긴다.

어떤 뜻이 담겼을까?

조금만 짜증이 나거나 힘들어도 화를 내는 친구들이 있어요.
공자님이 말씀하신 어진 마음이 꼭 필요한 친구들이겠죠?

12

따라 써 보세요~

원문 보기

不仁者 不可以久處約 不可以長處樂
불인자 불가이구처약 불가이장처락

仁者安仁 知者利仁
인자안인 지자이인

이인편 4-11

군자와 소인의 차이

군자는 덕을 중요하게 생각하지만
소인은 편히 지낼 땅과 재산을
중요하게 생각한다.
군자는 모범을 보이는 것을
중요하게 생각하지만
소인은 자신의 이익과 혜택을
중요하게 생각할 뿐이다.

어떤 뜻이 담겼을까?

평소 무엇을 가장 중요하게 생각하는지 떠올려 봐요. 눈앞의 이익이 아니라 몸과 마음을 바르게 할 줄 알아야 진정한 군자라 할 수 있죠.

13

원문 보기

君子懷德 小人懷土 君子懷刑 小人懷惠
군 자 회 덕 소 인 회 토 군 자 회 형 소 인 회 혜

이인편 4-14

남에게 인정받고 싶을 때

지위가 없음을 걱정하지 말고
그 자리에 설 수 있는 능력을
갖추도록 노력해야 하며,
다른 사람이 나를 알아주지
않는 것을 걱정하지 말고
다른 사람이 알아줄 만하게
노력해야 한다.

어떤 뜻이 담겼을까?

학교생활이나 친구들과 어울릴 때 인정받고 싶은 마음은 누구에게나 있을 거예요. 이때 중요한 것은 뭐다? 공자님은 인정받고 싶다면 실력을 먼저 키우라고 하네요.

14

따라 써 보세요~

원문 보기

不患無位 患所以立 不患莫己知 求爲可知也
불환무위 환소이립 불환막기지 구위가지야

이인편 4-17

좋은 스승

어진 사람을 보면
그 사람을 본받아야 하고,
어질지 못한 사람을 만나면
스스로 그 사람과 같은 잘못을
하지 않는지 반성해야 한다.

어떤 뜻이 담겼을까?

여러분 주변에는 늘 좋은 스승이 있어요. 어진 사람도 스승이 될 수 있고, 어질지 못한 사람도 스승이 될 수 있어요. 여러분이 그 사람을 통해 무엇을 배울 수 있느냐가 중요하죠.

원문 보기

見賢思齊焉 見不賢而內自省也
견 현 사 제 언 견 불 현 이 내 자 성 야

이인편 4-22

말의 소중함

옛날에 훌륭한 사람들이
말을 함부로 하지 않은 것은
스스로 행동이 따르지 못할 것을
부끄러워했기 때문이다.

어떤 뜻이 담겼을까?

번드르르하게 말은 하지만 행동으로 옮기지 못하는 친구들이 있죠?
옛사람들은 말만 하고 실천하지 않는 것을 몹시 부끄럽게 여겼다고 해요.

16

따라 써 보세요~

원문 보기

古者言之不出 恥躬之不逮也
고 자 언 지 불 출 치 궁 지 불 체 야

2장
어질고 덕이 있는 군자의 마음을 배워요

공야장편 5-20

어리석기가 더 어려운 법

영무자*는 나라에 도가 있을 때는
굳이 나서지 않아도 지혜롭게 보였고,
나라에 도가 없을 때는
어리석은 사람처럼 나서서 일을 해결했다.
그 지혜는 누구나 따를 수 있으나
그 어리석음은 아무나 따를 수가 없다.

★ 중국 전국 시대 위나라의 대부. 위나라 제20대 임금 문공과
제21대 임금 성공을 섬겼다.

어떤 뜻이 담겼을까?

위나라 문공 때는 나라가 평화로웠으나 성공 때는 나라가 위태로워 앞으로 나서지 않는 게 더 지혜롭다 다들 말했지만, 영무자는 성공을 끝까지 보필하여 나라의 위기를 이겨 냈답니다. 어리석은 듯하나 누구보다 지혜로운 사람이었지요.

17

원문 보기

甯武子 邦有道則知 邦無道則愚
영무자 방유도즉지 방무도즉우

其知可及也 其愚不可及也
기 지 가 급 야 기 우 불 가 급 야

공야장편 5-24

정직한 행동

말을 듣기 좋게 꾸미고
얼굴빛을 보기 좋게 꾸미며
지나치게 공손하게 행동하는 것을
좌구명*은 부끄럽게 여겼는데,
나 또한 이를 부끄럽게 여기노라.
원망을 감추고 친구로 지내는 것을
좌구명은 부끄럽게 여겼는데,
나 또한 이를 부끄럽게 여기노라.

★ 중국 노나라의 역사가.

어떤 뜻이 담겼을까?

공자님은 자기 마음을 숨기고 거짓되게 행동하는 것을 경계했어요.
친구들과 사귈 때 이런 거짓된 마음을 가지고 있진 않았는지 돌아보세요.

18 따라 써 보세요~

원문 보기

巧言令色足恭 左丘明恥之 丘亦恥之
교 언 영 색 주 공 좌 구 명 치 지 구 역 치 지

匿怨而友其人 左丘明恥之 丘亦恥之
익 원 이 우 기 인 좌 구 명 치 지 구 역 치 지

옹야편 6-9

소박한 생활의 즐거움

어질구나, 안회야!
밥 한 그릇과 물 한 바가지를 가지고
누추한 곳에 살다니!
보통 사람이라면 그 근심을
견딜 수 없겠지만,
안회는 마음의 즐거움을
다른 것과 바꾸려 하지 않는구나.
어질구나, 안회야!

어떤 뜻이 담겼을까?

공자님의 제자 안회는 소박한 생활을 누리는 지혜로운 사람이었어요.
생활이 풍족하지 않더라도 다른 사람과 비교하고 근심하기보다
마음의 즐거움을 누렸어요.

원문 보기

賢哉 回也 一簞食 一瓢飮在陋巷
현재 회야 일단사 일표음재누항
人不堪其憂 回也不改其樂 賢哉 回也
인불감기우 회야불개기락 현재 회야

옹야편 6-13

자랑하지 않는 마음

맹지반*은 스스로를 자랑하지 않았다.
전투에 패하여 달아날 때는
군대의 맨 끝에서 마지막까지 적을 막았고,
성문에 들어올 때는
자신의 말에 채찍질을 하면서 말하기를,
"내가 용감해서 맨 뒤에 있는 게 아니라
내 말이 빠르지 못한 탓이오."라고 하였다.

★ 중국 노나라 장수.

어떤 뜻이 담겼을까?

뽐내기를 좋아하는 사람들이 있어요. 하지만 공자님은 겸손하고 자신을 자랑하지 않는 사람을 더 칭찬하고 있다는 것을 기억하길 바랍니다.

20 따라 써 보세요~

원문 보기

孟之反不伐 奔而殿 將入門 策其馬曰
맹지반불벌 분이전 장입문 책기마왈

非敢後也 馬不進也
비감후야 마부진야

옹야편 6-18

배움의 세 단계

무언가에 대하여 안다는 것은
그것을 좋아하는 것만 못하고,
무언가를 좋아하는 것은
그것을 즐기는 것만 못하다.

어떤 뜻이 담겼을까?

천재는 노력하는 사람을 이길 수 없고, 노력하는 사람은 즐기는 사람을 이길 수 없다는 말이 바로 여기에서 나온 말이지요.

21

원문 보기

知之者 不如好之者 好之者 不如樂之者
지 지 자 불 여 호 지 자 호 지 자 불 여 락 지 자

옹야편 6-28

친구의 마음을 헤아리기

어진 사람은 자신이 서고자 할 때
다른 사람도 서게 하고,
자신이 뜻을 이루고 싶을 때
다른 사람도 뜻을 이루게 해 준다.
자신이 원하는 것이 있듯이
다른 사람도 원하는 것이 있음을 헤아리는 것이
바로 인을 실천하는 방법이다.

어떤 뜻이 담겼을까?

내가 원하는 건 다른 친구도 원할 수 있어요. 어진 사람은 다른 사람의 이런 마음을 헤아리고 도우며 함께하는 사람이에요.

22

원문 보기

夫仁者 己欲立而立人 己欲達而達人
부인자 기욕립이립인 기욕달이달인

能近取譬 可謂仁之方也已
능근취비 가위인지방야이

술이편 7-3

올바른 삶의 길

덕을 기르지 못하고,
배우려고 하지 않으며,
옳은 일을 듣고도 실천하지 않고,
선하지 못한 것을 고치지 않는 것,
이런 것들이 바로 내 걱정거리다.

어떤 뜻이 담겼을까?

공자님이 올바른 삶을 살기 위한 네 가지 실천 방법을 보여 주고 있어요.
생활 속에서 잘 지켜지고 있는지 돌아보세요.

23

원문 보기

德之不脩 學之不講 聞義不能徙
덕 지 불 수 학 지 불 강 문 의 불 능 사

不善不能改 是吾憂也
불 선 불 능 개 시 오 우 야

술이편 7-8

공부는 스스로 하는 것

스스로 배우려는 마음이 없으면
굳이 이끌어 주지 않고,
표현하려고 애를 쓰지 않으면
일깨워 주지 않으며,
한 모퉁이를 들어 보였을 때
나머지 세 모퉁이를 미루어 알지 못하면
다시 반복해서 가르쳐 주지 않는다.

어떤 뜻이 담겼을까?

공부라는 것은 억지로 시킨다고 해서 되는 게 아니에요. 스스로 열심히 하려는 마음이 없다면 아무것도 터득할 수가 없답니다.

24

원문 보기

不憤不啓 不悱不發 擧一隅
불분불계 불비불발 거일우
不以三隅反 則不復也
불이삼우반 즉불복야

술이편 7-10

무모한 용기

맨손으로 호랑이를 잡고
배 없이 맨몸으로 큰 강을 건너고
죽어도 후회가 없다는 무모한 사람과는
함께하지 않겠다.
일을 하려고 할 때 누구보다 신중하고
계획을 잘 세워 반드시 해내는 사람과 함께하겠다.

어떤 뜻이 담겼을까?

무슨 일을 할 때 계획도 없이 무작정 덤비는 사람을 용기 있다고 말할 수 있을까요? 공자님은 제자 자로에게 진짜 용기와 무모한 용기를 잘 구분하도록 이 말씀을 들려주었어요.

25

원문 보기

暴虎馮河 死而無悔者 吾不與也
포호빙하 사이무회자 오불여야
必也臨事而懼 好謀而成者也
필야림사이구 호모이성자야

술이편 7-21

타산지석의 지혜

세 사람이 길을 걸어가면,
그 가운데 반드시 나의 스승이 있으니,
좋은 점은 가려서 본을 받고
좋지 않은 점은 거울로 삼아
나 자신을 바로잡아야 할 것이다.

어떤 뜻이 담겼을까?

타산지석이라는 말이 있지요? 다른 사람의 좋은 모습은 본받고 좋지 않은 모습은 거울로 삼아서 우리의 품성을 바르게 닦아야 해요.

26

따라 써 보세요~

원문 보기

三人行必有我師焉 擇其善者而從之
삼 인 행 필 유 아 사 언 택 기 선 자 이 종 지

其不善者而改之
기 불 선 자 이 개 지

술의편 7-25

떳떳한 마음

선한 사람을 내가 만날 수 없다면,
떳떳한 사람이라도 만날 수 있으면
그것으로 충분하다.
없으면서도 있는 척 꾸미고,
비었으면서도 가득 찬 척 꾸미고,
가난하면서도 부유한 척 꾸미면
떳떳한 마음을 갖기가 어렵다.

어떤 뜻이 담겼을까?

솔직하고 정직한 마음이 없으면 떳떳하지도 못할뿐더러 한결같은 마음을 갖기도 힘들어요. 남을 속이면 자신까지 속고, 진짜 내가 어떤 모습인지도 잃어버리게 된답니다.

원문 보기

善人吾不得而見之矣 得見有恆者 斯可矣
선인오부득이견지의 득견유항자 사가의

亡而爲有 虛而爲盈 約而爲泰 難乎有恆矣
무이위유 허이위영 약이위태 난호유항의

술이편 7-27

배움의 올바른 순서

제대로 알지도 못하면서
그것을 행한 일이 있는가?
나는 결코 그렇게 한 적이 없다.
많이 듣고 그중 좋은 것을
따르는 것이 먼저고
많이 보고 그중 좋은 것을 기억하는 것은
아는 것의 다음 단계다.

어떤 뜻이 담겼을까?

제대로 알지도 못하면서 혼자만 옳다고 고집하는 태도는 버려야 해요. 많이 듣고 그중 좋은 것을 따르는 것이 먼저고, 많이 보고 좋은 것을 기억하는 것은 그 아래 단계임을 명심하세요.

28

원문 보기

蓋有不知而作之者 我無是也
개 유 부 지 이 작 지 자 아 무 시 야

多聞 擇其善者而從之 多見而識之 知之次也
다 문 택 기 선 자 이 종 지 다 견 이 식 지 지 지 차 야

3장
맡은 일에 최선을 다하는 성실함을 배워요

태백편 8-2

예의의 중요성

공손해도 예의가 없으면 헛수고이고,
신중해도 예의가 없으면 두렵고
용감해도 예의가 없으면 난폭해지고,
솔직해도 예의가 없으면 야박해진다.
군자가 부모를 잘 보살피면
백성들 사이에도 어진 마음이 퍼지며,
옛 친구를 버리지 않으면
백성들도 매몰차지지 않는다.

어떤 뜻이 담겼을까?

공자님이 말한 예의는 서로 조화를 이루게 하는 도리예요.
아무리 공손하고 신중하고 용맹해도 예의를 갖추지 않으면 헛수고라는
것을 기억하세요.

원문 보기

恭而無禮則勞 愼而無禮則葸 勇而無禮則亂 直而無禮則絞
공 이 무 례 즉 로 신 이 무 례 즉 시 용 이 무 례 즉 란 직 이 무 례 즉 교
君子篤於親 則民興於仁 故舊不遺 則民不偸
군 자 독 어 친 즉 민 흥 어 인 고 구 불 유 즉 민 불 투

태백편 8-5

겸손한 태도

재능이 있으면서도 재능 없는 사람에게 묻고,
많이 알면서도 적게 아는 사람에게 물으며,
있으면서도 없는 듯하고,
꽉 차 있으면서도 텅 빈 듯하며,
다른 사람이 잘못하여 피해를 입어도
잘잘못을 따지며 싸우지 않는 것을
옛날에 내 친구가 몸소 보여 주었다.

어떤 뜻이 담겼을까?

남이 잘못해도 따지지 않고, 내가 더 똑똑한 거 같은데 아는 척하지 않기는 힘들어요. 하지만 겸손한 사람은 마음이 부드럽고 여유로워 한 번 더 생각하고 실천할 수 있어요.

원문 보기

以能問於不能 以多問於寡 有若無 實若虛
이 능 문 어 불 능 이 다 문 어 과 유 약 무 실 약 허

犯而不校 昔者 吾友嘗從事於斯矣
범 이 불 교 석 자 오 우 상 종 사 어 사 의

태백편 8-7

인을 실천하는 자세

선비는 뜻이 크고 의지가 강해야 한다.
책임은 무겁고 갈 길은 멀기 때문이다.
인을 실천하는 임무를 가지고 있으니
그 책임이 얼마나 무겁겠는가?
죽은 뒤에나 그만두는 것이니
갈 길이 얼마나 멀겠는가?

어떤 뜻이 담겼을까?

옛날 선비들은 인(仁)을 실천하려는 사명감이 강했어요. 눈에 보이지 않고 순위가 매겨진 것도 아닌 품성이지만, 자신에게 주어진 임무로 삼아 최선을 다하여 실천하려고 노력했지요.

31

따라 써 보세요~

원문 보기

士不可以不弘毅 任重而道遠
사 불가이불홍의 임중이도원

仁以爲己任 不亦重乎 死而後已 不亦遠乎
인이위기임 불역중호 사이후이 불역원호

자한편 9-7

진짜 가르침

내가 아는 것이 있는가?
나는 아는 것이 없다.
그러나 어떤 무지한 사람이 찾아와
나에게 질문을 한다면,
아무리 아는 게 없더라도,
내가 알고 있는 것을 최선을 다해
알려 줄 것이다.

공자님, 사랑이 뭔가요?

나 모태솔로다.

어떤 뜻이 담겼을까?

공자님은 어떤 질문을 받더라도 소홀히 하지 않고 최선을 다해 알려 주겠다고 해요. 겸손한 마음으로 자신을 굽히고 진짜 스승이 되려고 노력하는 공자님을 통해 진짜 가르침이 뭔지 배워 봐요.

32

원문 보기

吾有知乎哉 無知也 有鄙夫問於我 空空如也
오유지호재 무지야 유비부문어아 공공여야
我叩其兩端而竭焉
아고기양단이갈언

자한편 9-18

천리 길도 한 걸음부터

흙을 쌓아 산을 만든다고 하자.
흙을 한 삼태기만 더 보태면 산이 완성되는데,
그 상황에서 그만두었다면 내가 그만둔 것이다.
또 평평한 땅에 흙을 쌓아 산을 만든다고 하자.
흙을 한 삼태기만 갖다 붓고 나아가는 것도
내가 나아가는 것이다.

어떤 뜻이 담겼을까?

많은 노력을 기울였지만 중도에 포기하면 그동안의 노력이 헛것이 된다는 중요한 교훈이에요. 힘든 일일수록 한 걸음 한 걸음 최선을 다하되, 그 성공과 실패의 책임이 자신에게 달려 있음을 명심해야 해요.

33

원문 보기

譬如爲山 未成一簣 止 吾止也
비 여 위 산 미 성 일 궤 지 오 지 야

譬如平地 雖覆一簣 進 吾往也
비 여 평 지 수 복 일 궤 진 오 왕 야

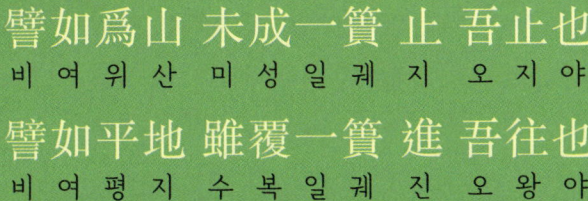

자한편 9-23

잘못을 고치는 방법

바르게 타이르면 따르지 않을 사람이 어디 있겠는가?
그러나 잘못을 고치는 것이 더 중요하다.
에둘러 점잖게 타이르면 좋아하지 않을 사람이 있겠는가?
그러나 참뜻을 찾아 실천하는 것이 더 중요하다.
좋아하기만 하고 참뜻을 찾지 않거나,
따르기만 하고 잘못을 고치지 않는다면,
그런 사람은 나도 어찌할 도리가 없다.

어떤 뜻이 담겼을까?

옳은 말을 들었을 때 겉으로만 따르고 잘못을 고치지 않으면 아무 소용이 없어요. 또 비유로 점잖게 타일렀을 때 그 참뜻을 찾지 않으면 절대 잘못을 고칠 수 없어요.

34

원문 보기

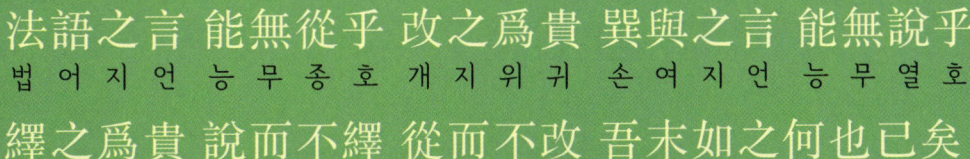

法語之言 能無從乎 改之爲貴 巽與之言 能無說乎
법어지언 능무종호 개지위귀 손여지언 능무열호
繹之爲貴 說而不繹 從而不改 吾末如之何也已矣
역지위귀 열이불역 종이불개 오말여지하야이의

자한편 9-27

진정한 친구

날씨가 추워진 뒤에야
소나무와 잣나무가
뒤늦게 시든다는 것을 알게 된다.

어떤 뜻이 담겼을까?

날씨가 추워진 뒤 푸른 소나무와 잣나무가 보이듯 어려운 상황을 만나야 진정한 친구나 군자를 알 수 있다는 말이에요.

35

원문 보기

歲寒然後知松柏之後彫也
세 한 연 후 지 송 백 지 후 조 야

선진편 11-20

겉모습에 속지 말기

말을 조리 있게 잘하면
대개는 그 사람을 인정해 준다.
그렇다고 해서 그 사람이
군자다운 사람이라는 것이냐?
겉모습만 그럴듯한 사람이 아닌지
살펴봐야 한다.

어떤 뜻이 담겼을까?

말을 아무리 잘한다고 해도 그 사람이 군자인지 아닌지 분간하기는 어려워요. 겉모습보다는 사람됨을 들여다보는 눈을 길러 보세요.

36

따라 써 보세요~

원문 보기

論篤是與 君子者乎 色莊者乎
논 독 시 여 군 자 자 호 색 장 자 호

안연편 12-1

자기 자신을 이겨 내는 마음

자기를 이겨 내고 예를 지키는 것이 인이다.
하루만이라도 자기를 이겨 내고 예로 돌아가면
천하가 그 사람에게 인을 실천한다 할 것이다.
인을 실천하는 것이 자기 자신에게 달린 것이지
다른 사람에게 달린 것이겠느냐?

예가 아니면 보지 말고, 예가 아니면 듣지 말며,
예가 아니면 말하지 말고, 예가 아니면 행하지 말라.

어떤 뜻이 담겼을까?

우리는 반드시 해야 하는 일, 반드시 하지 말아야 할 일을 알고 있지만, 때로는 이것을 실천하기가 힘들어요. 공자님은 이런 마음을 이겨 내고 예를 실천하는 것이 곧 인을 실천하는 것이라고 알려 주고 있어요.

원문 보기

克己復禮爲仁 一日克己復禮 天下歸仁焉 爲仁由己 而由人乎哉
극기복례위인 일일극기복례 천하귀인언 위인유기 이유인호재

非禮勿視 非禮勿聽 非禮勿言 非禮勿動
비례물시 비례물청 비례물언 비례물동

안연편 12-5

걱정이 가득할 때

죽고 사는 것은 운명에 달려 있고
부귀는 하늘에 달려 있다.
군자가 공경하는 마음을 가지고
모든 일에 소홀함이 없이 노력하며
다른 사람에게 공손하고 예의를 잘 지킨다면,
온 세상 사람들이 모두 형제인데
어찌 형제 없음을 근심하겠는가?

어떤 뜻이 담겼을까?

작은 일이든, 큰 일이든 불안해서 잠 못 들 때가 있을까요? 공자님은 불안에 떨기보다 모든 일에 성실하고 공손한 마음을 가지고 임한다면 근심할 일이 사라지고 마음도 편안해질 거라고 가르치고 있어요.

38

원문 보기

死生有命 富貴在天 君子敬而無失 與人恭而有禮
사생유명 부귀재천 군자경이무실 여인공이유례

四海之內 皆兄弟也 君子何患乎無兄弟也
사해지내 개형제야 군자하환호무형제야

안연편 12-11

책임을 다하는 자세

임금은 임금다워야 하고
신하는 신하다워야 하며
아버지는 아버지다워야 하고
자식은 자식다워야 한다.

어떤 뜻이 담겼을까?

각자 자기가 맡은 역할을 똑바로 하면 모든 일이 잘될 거라는 뜻이에요.
반대로 책임을 다하지 않을 때는 어떤 혼란이 있을지 생각해 보아요.

원문 보기

君君 臣臣 父父 子子
군 군 신 신 부 부 자 자

안연편 12-21

남의 잘못과 나의 잘못

일을 먼저 하고 이익을 뒤로하는 것이
덕을 숭상하는 것이 아니겠느냐?
자신 안의 악함을 다스리고
다른 사람의 악함을 공격하지 말아야 한다.
이것이야말로 자기의 악한 마음을
다스리는 것이 아니겠느냐?
잠깐의 분노로 자기 자신을 망치고
부모님까지 곤란하게 하지는 말아야 한다.
이것이야말로 어리석은 일이 아니겠느냐?

어떤 뜻이 담겼을까?

덕을 기르는 방법에 관하여 제자가 묻자 공자님이 해 주신 말씀이에요.
평상시에 모두 실천하고 있다면 여러분도 덕이 있는 어린이가 맞아요.

40

따라 써 보세요~

원문 보기

先事後得 非崇德與 攻其惡 無攻人之惡
선사후득 비숭덕여 공기악 무공인지악

非脩慝與 一朝之忿 忘其身以及其親 非惑與
비수특여 일조지분 망기신이급기친 비혹여

자료편 13-5

배움의 활용

시경 300편을 술술 외워도
정치를 맡겼을 때 잘 해내지 못하고,
외교 사절을 맡겼을 때 잘 대응하지 못한다면
시경을 그렇게 많이 외운 것이
무슨 소용이 있겠는가?

어떤 뜻이 담겼을까?

아는 것도 많고 공부도 잘하지만, 외우는 데에만 그치고 정말 필요한 곳에 활용하지 못한다면 배움이 무슨 쓸모가 있을까요? 지금 배우고 있는 것의 근본 이치를 깨달아 잘 사용할 방법을 생각해 보세요.

원문 보기

誦詩三百 授之以政 不達 使於四方 不能專對
송시삼백 수지이정 불달 사어사방 불능전대

雖多 亦奚以爲
수다 역해이위

자로편 13-6

올바른 마음이 필요한 이유

자기 자신이 올바르면 백성들은
명령을 내리지 않아도 스스로 행하고,
자기 자신이 올바르지 않으면 백성들은
명령을 내린다 하더라도 따르지 않는다.

어떤 뜻이 담겼을까?

공자님의 이 말씀은 친구들과 어떤 일을 함께하려고 할 때 마음에 새기면 좋을 것 같아요. 어떤 일이든 자신이 올바른 것이 먼저라는 말이에요.

42

원문 보기

其身正 不令而行 其身不正 雖令不從
기 신 정 불 령 이 행 기 신 부 정 수 령 부 종

자로편 13-13

모든 일의 출발점

진실로 자기 자신을 바르게 한다면
정치를 하는 데 무슨 문제가 있겠는가?
진실로 자기 자신을 바르게 할 수 없다면
어떻게 다른 사람을 바르게 하겠는가?

어떤 뜻이 담겼을까?

모든 일의 중심에는 누가 있을까요? 바로 자신이에요. 자신의 마음이나 행동이 모든 일의 출발점이라는 사실을 기억해 주세요.

43

따라 써 보세요~

원문 보기

苟正其身矣 於從政乎何有 不能正其身 如正人何
구 정 기 신 의 어 종 정 호 하 유 불 능 정 기 신 여 정 인 하

자로편 13-17

성급한 마음

빨리 결과를 얻으려 하지 말고,
작은 이익을 얻으려 하지 마라.
빨리 결과를 얻으려고 하면
오히려 일을 제대로 해내지 못하고,
작은 이익을 얻으려고 하면
큰일을 이루지 못할 것이다.

어떤 뜻이 담겼을까?

너무 조급하거나 욕심을 부리면 원하는 성과도 이룰 수 없어요.
빨리 해내고 싶은 마음이 생기더라도 차분히 생각하고 한 걸음 한 걸음
나아가세요.

원문 보기

無欲速 無見小利 欲速 則不達
무 욕 속 무 견 소 리 욕 속 즉 부 달
見小利則大事不成
견 소 리 즉 대 사 불 성

자로편 13-23

무조건 반대, 무조건 찬성

군자는 사람들과 조화롭게 지내지만
무조건 따르는 것은 아니다.
소인은 옳고 그름을 따지지 않고
무조건 따르지만
사람들과 화합하지는 못한다.

어떤 뜻이 담겼을까?

무조건 반대, 무조건 찬성은 사실 아주 위험한 생각이에요.
사람들과 화합하더라도 옳고 그름을 잘 판단하는 것이 중요해요.

45

따라 써 보세요~

원문 보기

君子 和而不同 小人 同而不和
군 자 화 이 부 동 소 인 동 이 불 화

4장
진실한 말과 행동으로 좋은 친구를 사귀어요

헌문편 14-13

눈앞의 이익보다 중요한 것

이익이 있는 일을 보면
의리를 생각하고,
나라가 위태로운 것을 보면
나아가 목숨을 바치며,
오래된 약속이라고 할지라도
평생 그것을 잊지 않는다면,
그 또한 완성된 사람이다.

어떤 뜻이 담겼을까?

안중근 의사가 순국 전에 감옥에서 쓴 글귀가 바로 헌문편에 나오는 '견리사의 견위수명(見利思義 見危授命)'이라고 해요. 어떤 상황에 쓰이는 말인지 곰곰이 생각해 봐요.

46

따라 써 보세요~

원문 보기

見利思義 見危授命 久要不忘平生之言
견리사의 견위수명 구요불망평생지언

亦可以爲成人矣
역가이위성인의

헌문편 14-33

경계하는 마음

다른 사람이 나를 속일까
미리 의심하지 말고
다른 사람이 나를 믿어 주지 않을까
미리 생각하지 말아야 하나
이를 먼저 알아차리는 사람이라면
진정 현명한 사람이라 할 만하다.

어떤 뜻이 담겼을까?

다른 사람을 함부로 의심하거나 오해하는 건 어리석은 행동이에요.
다른 사람의 올바름과 그릇됨을 잘 가려내는 게 쉽지는 않지만
현명한 사람은 신중하게 생각하고 판단할 수 있답니다.

원문 보기

不逆詐 不億不信 抑亦先覺者 是賢乎
불 역 사 불 억 불 신 억 역 선 각 자 시 현 호

헌문편 14-37

남을 탓하지 않는 마음

나는 하늘을 원망하지 않고,
또 다른 사람을 탓하지 않는다.
아래로는 사람의 일을 배우고
위로 하늘의 이치에까지 도달하였으니,
나를 알아주는 것은 오로지
저 하늘뿐이로구나.

어떤 뜻이 담겼을까?

최선을 다했어도 남이 인정해 주지 않아 실망할 때가 있어요.
하지만 너무 속상해하거나 다른 사람을 탓하지 말아요.
최선을 다한 자신을 칭찬해 주세요.

48

원문 보기

不怨天 不尤人 下學而上達 知我者 其天乎
불원천 불우인 하학이상달 지아자 기천호

헌문편 14-42

상황에 맞게 행동하기

나를 알아주지 않으면
그만두면 된다.
물이 깊으면
옷을 벗고 건너고
물이 얕으면
옷을 걷어 올리고 건너라.

어떤 뜻이 담겼을까?

세상이 자신을 알아주지 않을 때 더 애를 쓰거나 무리한 행동을 할때가 있어요. 하지만 공자님은 그러지 말라고 합니다. 억지로 행동하거나 알아주길 바라지 말고 상황에 맞게 대처하라는 가르침이지요.

49

원문 보기

莫己知也 斯已而已矣 深則厲 淺則揭
막 기 지 야 사 이 이 이 의 심 즉 려 천 즉 게

위령공편 15-5

진실한 말과 행동

말이 진실하고 믿을 만하며
행동이 성실하고 공경함이 있으면
오랑캐의 나라에서라도 뜻을 펼칠 수 있다.
그러나 말이 진실하거나 믿을 만하지 않고,
행동이 불성실하고 공경함이 없으면
문명이 발달한 나라에서도 뜻을 펼칠 수 없다.

어떤 뜻이 담겼을까?

어떤 일을 하든, 어떤 사람을 만나든 공자님은 말과 행동이 진실하고 신뢰가 있어야 한다고 강조해요. 여러분도 과연 그러한지 돌아보고 깊이 생각해 보세요.

원문 보기

言忠信 行篤敬 雖蠻貊之邦 行矣
언 충 신 행 독 경 수 만 맥 지 방 행 의
言不忠信 行不篤敬 雖州里 行乎哉
언 불 충 신 행 부 독 경 수 주 리 행 호 재

위령공편 15-7

진정한 충고

더불어 말할 만한 사람인데도
그 사람과 말을 하지 않으면 사람을 잃고,
더불어 말할 만한 사람이 아닌데도
그 사람과 말을 한다면 말을 잃는다.
지혜로운 사람은 사람을 잃지도 않고
말을 잃지도 않는다.

어떤 뜻이 담겼을까?

진심 어린 충고를 하면 잘못을 바로잡는 사람이 있는가 하면,
'쇠귀에 경 읽기'처럼 말을 해도 시간만 낭비하는 경우가 있어요.
충고를 들을 때 우리의 자세는 어떠한지 살펴봐요.

원문 보기

可與言而不與之言 失人 不可與言而與之言 失言
가여언이불여지언 실인 불가여언이여지언 실언

知者不失人 亦不失言
지자불실인 역불실언

위령공편 15-27

진짜 모습 알아보기

많은 사람들이 싫어하는 사람이라도
반드시 살펴보아야 하며,
많은 사람들이 좋아하는 사람이라도
반드시 살펴보아야 한다.

어떤 뜻이 담겼을까?

남의 말만 듣고 친구를 비난하거나 좋아하는 건 안 돼요.
남이 다 싫다고 해도, 남이 다 좋다고 해도 친구의 진짜 모습은
어떤지 찬찬히 살펴보세요.

원문 보기

衆惡之 必察焉 衆好之 必察焉
중오지 필찰언 중호지 필찰언

위령공편 15-32

높은 자리보다 중요한 것

총명함으로 높은 자리에 이르러도
인덕으로 그것을 지켜 내지 못한다면
비록 얻는다 하더라도 반드시 잃을 것이다.
총명함으로 직책을 얻고 인덕으로 지켜 내도
엄숙한 자세로 일하지 않는다면
백성들이 공경하지 않을 것이다.
총명하고, 인덕으로 지켜 내고, 엄숙한 자세여도
백성을 예로 대하지 않으면
그 사람은 선하다 할 수 없을 것이다.

어떤 뜻이 담겼을까?

공부만 잘하면, 꿈만 이루면 다 된다고 생각하는 사람이 있을까요?
공자님은 꿈을 완전히 이루려면 어떻게 행동해야 하는지 알려 주고 있어요.

53

원문 보기

知及之 仁不能守之 雖得之 必失之 知及之 仁能守之 不莊以涖之
지급지 인불능수지 수득지 필실지 지급지 인능수지 불장이리지
則民不敬 知及之 仁能守之 莊以涖之 動之不以禮 未善也
즉민불경 지급지 인능수지 장이리지 동지불이례 미선야

계씨편 16-4

세 종류의 친구

유익한 벗에도 세 종류가 있고
해로운 벗에도 세 종류가 있다.
정직한 사람, 신뢰할 수 있는 사람,
아는 것이 많은 사람과 사귀면 유익하다.
그러나 겉치레가 중요한 사람, 아첨 잘하는 사람,
말만 잘하는 사람과 사귀면 해롭다.

어떤 뜻이 담겼을까?

성장하면서 우리는 많은 친구를 사귀어요. 어떤 사람과 사귀면 유익하고, 어떤 사람과 사귀면 해로울지 생각해 봐요.

54

원문 보기

益者三友 損者三友 友直 友諒 友多聞 益矣
익 자 삼 우 손 자 삼 우 우 직 우 량 우 다 문 익 의

友便辟 友善柔 友便佞 損矣
우 편 벽 우 선 유 우 편 녕 손 의

계씨편 16-5

유익하지 않은 즐거움

유익한 즐거움이 세 가지가 있고
해로운 즐거움이 세 가지가 있다.
예악으로 절제하기를 좋아하고,
남의 좋은 점 끌어내기를 좋아하고,
현명한 친구가 많은 것을 좋아하면 유익하다.
그러나 교만하게 즐기고,
방탕하게 놀기 좋아하고,
먹고 마시는 것만을 좋아하면 해롭다.

어떤 뜻이 담겼을까?

아무리 좋은 것, 즐거운 것이라고 해도 우리에게 해로운 것이라면 멀리하는 게 맞아요. 유익하지 않은 즐거움을 잘 분별하는 사람이 되길 바랍니다.

55

따라 써 보세요~

원문 보기

益者三樂 損者三樂 樂節禮樂 樂道人之善
익 자 삼 요 손 자 삼 요 요 절 례 악 요 도 인 지 선
樂多賢友 益矣 樂驕樂 樂佚遊 樂晏樂 損矣
요 다 현 우 익 의 요 교 락 요 일 유 요 연 락 손 의

양화편 17-15

한 가지에 집중 못하는 마음

비루한 사람과 함께 임금을
섬길 수 있겠는가?
원하는 것을 얻지 못했을 때는
얻지 못함을 늘 걱정하고,
얻고 나서는 잃을까 봐 걱정하니
만약 잃을까 봐 걱정하게 되면
못하는 짓이 없을 것이다.

어떤 뜻이 담겼을까?

이것저것 하고 싶다 말하면서 무엇 하나 제대로 못 하는 사람이 있어요. 한 가지에 집중하지 못하고 자꾸 딴마음을 품기 때문이에요. 공자님도 딴마음을 품고 작은 것을 욕심내는 사람과는 함께할 수 없다고 가르치고 있어요.

원문 보기

鄙夫可與事君也與哉 其未得之也 患得之
비부가여사군야여재 기미득지야 환득지

旣得之 患失之 苟患失之 無所不至矣
기득지 환실지 구환실지 무소부지의

양화편 17-24

군자가 싫어하는 것

다른 사람의 나쁜 점을
떠들어 대는 것을 싫어하고,
아랫사람이 윗사람을
헐뜯는 것을 싫어하며,
용기만 있고 예의가 없는 것,
과감한 것처럼 보이지만
지나치게 고집부리는 것을 싫어한다.

> 공자님, 우리 아빠는 맨날 잠만 자고 용돈도 안 줘요.

> 아들이 아버지를 그렇게 흉보면 되겠느냐?

어떤 뜻이 담겼을까?

군자가 무엇을 싫어하는지 잘 살펴봐요. 겉으로 볼 때는 그럴싸해 보이더라도 잘못된 행동이라면 즉시 수정해야 나중에 큰 낭패를 입지 않아요.

원문 보기

惡稱人之惡者 惡居下流而訕上者
오칭인지악자 오거하류이산상자
惡勇而無禮者 惡果敢而窒者
오용이무례자 오과감이질자

자장편 19-6

배움의 네 가지 방법

배우기를 널리 하고,
뜻을 굳건히 하며,
간절하게 묻고,
가까운 것부터 생각해 나간다면,
인이 곧 그 가운데에 있다.

어떤 뜻이 담겼을까?

공부하는 것을 좋아하는 친구도 있고, 힘들어하는 친구도 있겠죠?
배움에는 인내와 끈기가 필요해요. 그리고 또 무엇이 필요한지 공자님의
말씀을 보며 곰곰이 생각해 보세요.

원문 보기

博學而篤志 切問而近思 仁在其中矣
박학이독지 절문이근사 인재기중의

자장편 19-21

잘못을 고치려는 마음

군자의 잘못은 일식이나 월식과 같다.
군자가 잘못을 하면 사람들이
모두 볼 수 있고,
군자가 잘못을 고치면 사람들이
모두 군자를 우러러본다.

어떤 뜻이 담겼을까?

누구나 잘못이나 실수를 할 수 있어요. 하지만 군자는 잘못을 숨기기보다 드러내 고침으로써 오히려 사람들의 귀감이 된답니다.

59

따라 써 보세요~

원문 보기

君子之過也 如日月之食焉 過也
군 자 지 과 야 여 일 월 지 식 언 과 야

人皆見之 更也 人皆仰之
인 개 견 지 경 야 인 개 앙 지

자장편 19-25

신중한 말의 중요성

군자는 단 한마디의 말로
지혜롭다고 여겨지기도 하고
반대로 단 한마디의 말로
무지함을 드러내기도 하니
말이라는 것은 신중히 해야 한다.

어떤 뜻이 담겼을까?

말 한마디로 친구에게 상처를 주기도 하고, 위로할 수도 있어요.
말 한마디로 좋은 사람을 사귈 수도 있고, 친구를 잃기도 하죠.
말을 할 때 더욱 신중할 필요가 있겠죠?

원문 보기

君子一言以爲知 一言以爲不知 言不可不愼也
군 자 일 언 이 위 지 일 언 이 위 부 지 언 불 가 불 신 야

마음에 새기고
몸에 익히는
논어 따라 쓰기

초판 1쇄 인쇄 2024년 10월 2일
초판 1쇄 발행 2024년 10월 15일

엮음 | 어린이나무생각고전기획실
그림 | 송진욱
펴낸이 | 한순 이희섭
펴낸곳 | (주)도서출판 나무생각
편집 | 양미애 백모란
디자인 | 박민선
마케팅 | 이재석
출판등록 | 1999년 8월 19일 제1999-000112호
주소 | 서울특별시 마포구 월드컵로 70-4(서교동) 1F
전화 | 02)334-3339, 3308, 3361
팩스 | 02)334-3318
이메일 | book@namubook.co.kr
홈페이지 | www.namubook.co.kr
블로그 | blog.naver.com/tree3339

ISBN 979-11-6218-321-2 73190

값은 뒤표지에 있습니다.
잘못된 책은 바꿔 드립니다.

*종이에 베이거나 긁히지 않도록 조심하세요.
*책 모서리가 날카로우니 던지거나 떨어뜨리지 마세요. (사용연령: 8세 이상)
*KC마크는 이 제품이 공통안전기준에 적합하였음을 의미합니다.